大方廣佛華嚴經 讀誦

30

🪷 일러두기

1. 『독송본 한문·한글역 대방광불화엄경』은 실차난타가 한역(695~699)한 80권 『대방광불화엄경』의 한문 원문과 한글역을 함께 수록한 것이다. 한문에는 음사와 현토를 부기하였다.

2. 원문의 저본은 고종 2년(1865) 월정사에서 인경한 고려대장경 『대방광불화엄경』에 한암 스님이 현토(1949년)한 것을 범룡 스님이 영인 출판(1990년)한 『대방광불화엄경』이다.

3. 한문은 저본에서 누락되었거나 글자가 다르다고 판단된 부분은 저본인 고려대장경 각권의 말미에 교감되어 있는 내용을 중심으로 하고 봉은사판 『대방광불화엄경수소연의초』와 신수대장경 각주에서 밝힌 교감본을 참조하여 보입하고 수정하였다.

4. 한글 번역은 동국역경원에서 발간한 한글 『대방광불화엄경』(운허)을 중심으로 하고 『신화엄경합론』(탄허)과 『대방광불화엄경 강설』(여천무비) 그리고 최근의 여타 번역본 등을 참조하였다.

5. 저본의 원문에서 이체자의 경우 훈글이 제공하는 이체자는 그대로 살리고 훈글이 제공하지 않는 글자는 통용되는 정자로 바꾸었다. 예) 間 → 閒 / 焰 → 燄 / 宫 → 宮 / 偁 → 稱

6. 한글 번역은 독송과 사경을 위하여 정확성과 아울러 가독성을 고려하였다. 극존칭은 부처님과 불경계에 대해서만 사용하였다.

7. 독송본의 차례는 일러두기 → 본문 → 화엄경 목차 → 간행사의 순차이다.
   (법공양판에는 간행사 다음에 간행불사 동참자를 밝혀 두었다.)

8. 독송본의 한글역은 사경의 편의를 도모하기 위해 그 편집을 달리하여 『사경본 한글역 대방광불화엄경』으로 함께 간행한다. 독송본과 사경본 모두 80권 『대방광불화엄경』의 권별 목차 순으로 간행한다.

독송본 한문 · 한글역

대방광불화엄경 제30권

大方廣佛華嚴經 卷第三十

25. 십회향품 [8]

十迴向品 第二十五之八

실차난타 한역
수미해주 한글역

大方廣佛華嚴經卷第三十變相 周

대방광불화엄경 제30권 변상도

대방광불화엄경
제30권

25. 십회향품 [8]

대방광불화엄경 권제삼십
大方廣佛華嚴經 卷第三十

십회향품 제이십오지팔
十迴向品 第二十五之八

불자 하자 시보살마하살 진여상회향
佛子야 何者가 是菩薩摩訶薩의 眞如相迴向고

불자 차보살마하살 정념명료 기심견
佛子야 此菩薩摩訶薩이 正念明了하야 其心堅

주 원리미혹 전의수행 심심부동
住하며 遠離迷惑하야 專意修行하며 深心不動하야

대방광불화엄경 제30권

25. 십회향품 [8]

"불자들이여, 무엇이 보살마하살의 진여의 모양인 회향인가?

불자들이여, 이 보살마하살이 바른 생각이 명료하여 그 마음이 견고하게 머무르며, 미혹

성불괴업　　취일체지　　종불퇴전
成不壞業하며 趣一切智하야 終不退轉하나라

지구대승　　용맹무외　　식제덕본　　보안
志求大乘하야 勇猛無畏하며 植諸德本하야 普安

세간　　생승선근　　수백정법　　대비증
世間하며 生勝善根하야 修白淨法하며 大悲增

장　　심보성취
長하야 心寶成就하나라

상념제불　　호지정법　　어보살도　　신락
常念諸佛하야 護持正法하며 於菩薩道에 信樂

견고　　성취무량정묘선근　　근수일체공
堅固하야 成就無量淨妙善根하며 勤修一切功

덕지혜　　위조어사　　생중선법　　이지방
德智慧하며 爲調御師하야 生衆善法하며 以智方

편　　이위회향
便으로 而爲迴向이니라

을 멀리 여의어 오롯한 생각으로 수행하며, 깊은 마음이 흔들리지 아니하여 무너지지 않는 업을 이루며, 일체지에 나아가 마침내 퇴전하지 않는다.

뜻에 대승을 구하되 용맹하여 두려움이 없으며, 모든 덕의 근본을 심어 세간을 널리 편안하게 하며, 수승한 선근을 내어 희고 깨끗한 법을 닦으며, 대비가 증장하여 마음의 보배를 성취한다.

항상 모든 부처님을 생각하고 바른 법을 보호해 지니며, 보살도를 믿고 즐겨함이 견고하여 한량없이 깨끗하고 미묘한 선근을 성취하며, 일체 공덕과 지혜를 부지런히 닦으며, 조

보살 이시 혜안보관 소유선근 무량
菩薩이 爾時에 慧眼普觀하니 所有善根이 無量

무변
無邊이라

기제선근수집지시 약구연 약판구 약치
其諸善根修集之時에 若求緣과 若辨具와 若治

정 약취입 약전려 약기행 약명달 약
淨과 若趣入과 若專勵와 若起行과 若明達과 若

정심 약개시
精審과 若開示하니라

여시일체 유종종문 종종경 종종상 종
如是一切가 有種種門과 種種境과 種種相과 種

종사 종종분 종종행 종종명자 종종분
種事와 種種分과 種種行과 種種名字와 種種分

별 종종출생 종종수습 기중소유일체
別과 種種出生과 種種修習하니 其中所有一切

어사가 되어 온갖 선한 법을 내며, 지혜와 방편으로 회향한다.

보살이 그때에 지혜의 눈으로 있는 바 선근이 한량없고 가없음을 널리 관찰한다.

그 모든 선근을 닦아 모을 때에 연을 구하거나, 도구를 마련하거나, 깨끗하게 다스리거나, 나아가 들어가거나, 오로지 힘쓰거나, 행을 일으키거나, 분명하게 통달하거나, 자세하게 살피거나, 열어 보인다.

이와 같은 일체가 갖가지 문과 갖가지 경계와 갖가지 모양과 갖가지 일과 갖가지 덕목과

선근 실시취향십력승심지소건립 개실
善根이 **悉是趣向十力乘心之所建立**일새 **皆悉**

회향일체종지 유일무이
迴向一切種智하야 **唯一無二**니라

이제선근 여시회향
以諸善根으로 **如是迴向**하나니라

소위원득원만무애신업 수보살행 원
所謂願得圓滿無礙身業하야 **修菩薩行**하며 **願**

득청정무애구업 수보살행 원득성취
得淸淨無礙口業하야 **修菩薩行**하며 **願得成就**

무애의업 안주대승
無礙意業하야 **安住大乘**하나라

원득원만무장애심 정수일체제보살행
願得圓滿無障礙心하야 **淨修一切諸菩薩行**하며

갖가지 행과 갖가지 이름과 갖가지 분별과 갖가지 출생과 갖가지 닦아 익히는 것이 있다. 그 가운데 있는 바 일체 선근이 모두 십력의 승에 나아가는 마음으로 건립된 것이니, 모두 다 일체종지에 회향하는 것이어서 오직 하나이고 둘이 없다.

모든 선근으로 이와 같이 회향한다.

이른바 원만하고 걸림 없는 신업을 얻어 보살행을 닦기를 원하며, 청정하고 걸림 없는 구업을 얻어 보살행을 닦기를 원하며, 걸림 없는 의업을 성취하여 대승에 편안히 머무르기를

원기무량광대시심　　주급무변일체중생
願起無量廣大施心하야 周給無邊一切衆生하며

원어제법　심득자재　　연대법명　무능
願於諸法에 心得自在하야 演大法明하야 無能

장폐
障蔽하나니라

원득명달일체지처　　발보리심　　보조세
願得明達一切智處하야 發菩提心하야 普照世

간　　원상정념삼세제불　　체상여래　상
間하며 願常正念三世諸佛하야 諦想如來가 常

현재전　　원주원만증상지락　　원리일체
現在前하며 願住圓滿增上志樂하야 遠離一切

제마원적
諸魔怨敵하나니라

원득안주불십력지　　보섭중생　　무유휴
願得安住佛十力智하야 普攝衆生하야 無有休

원한다.

원만하고 장애가 없는 마음을 얻어 일체 모든 보살행을 깨끗이 닦기를 원하며, 한량없고 광대한 보시하는 마음을 일으켜 가없는 일체 중생에게 두루 공급하기를 원하며, 모든 법에 마음이 자재를 얻어 큰 법의 밝음을 연설하되 능히 장애할 이가 없기를 원한다.

일체지처를 분명히 통달하고 보리심을 내어 세간을 널리 비추기를 원하며, 삼세의 모든 부처님을 항상 바르게 기억하여 여래께서 항상 앞에 나타나 계심을 자세히 생각하기를 원하며, 원만하고 더욱 나아가는 즐거운 뜻에 머물러 일

식　　　원득삼매　　　유제세계　　　이어세간
息하며 願得三昧하야 遊諸世界호대 而於世間에

무소염착　　　원주제세계　　　무유피염　　　교
無所染著하며 願住諸世界호대 無有疲厭하야 敎

화중생　　항불휴식
化衆生하야 恒不休息하니라

원기무량사혜방편　　　성취보살부사의도
願起無量思慧方便하야 成就菩薩不思議道하며

원득제방불미혹지　　　실능분별일체세간
願得諸方不迷惑智하야 悉能分別一切世間하며

원득자재신통지력　　　어일념중　　실능엄정
願得自在神通智力하야 於一念中에 悉能嚴淨

일체국토
一切國土하니라

원득보입제법자성　　　견일체세간　　실개청
願得普入諸法自性하야 見一切世間이 悉皆淸

체 모든 마군과 원수를 멀리 여의기를 원한다.

부처님 십력의 지혜에 편안히 머물러서 널리 중생들을 포섭하여 휴식이 없기를 원하며, 삼매를 얻어서 모든 세계에 노닐되 세간에 물들어 집착하는 바가 없기를 원하며, 모든 세계에 머무르되 피로해하거나 싫어함이 없어서 중생을 교화하고 항상 휴식하지 않기를 원한다.

한량없는 생각하는 지혜와 방편을 일으켜 보살의 부사의한 도를 성취하기를 원하며, 모든 방위에 미혹하지 않는 지혜를 얻어 모두 일체 세간을 능히 분별하기를 원하며, 자재하고 신통한 지혜와 힘을 얻어 한 생각 가운데 모두

淨_{하며} 願得生起無差別智_{하야} 於一刹中_에 入一

切刹_{하며} 願以一切刹莊嚴之事_로 顯示一切_{하야}

教化無量無邊衆生_{하나라}

願於一佛刹中_에 示無邊法界_{하고} 一切佛刹_{에도}

悉亦如是_{하며} 願得自在大神通智_{하야} 普能往

詣一切佛土_{니라}

능히 일체 국토를 깨끗하게 장엄하기를 원한다.

모든 법의 자성에 널리 들어감을 얻어 일체 세간이 모두 다 청정함을 보기를 원하며, 차별이 없는 지혜를 일으켜 한 세계 가운데에서 일체 세계에 들어가기를 원하며, 일체 세계를 장엄하는 일로써 일체를 나타내 보여 한량없고 가없는 중생들을 교화하기를 원한다.

한 부처님 세계에서 가없는 법계를 보이고 일체 부처님 세계에서도 모두 또한 이와 같이 하기를 원하며, 자재하고 큰 신통의 지혜를 얻어 널리 일체 부처님 국토에 능히 나아가기를 원한다.

불자 보살마하살 이제선근 원득장엄
佛子야 菩薩摩訶薩이 以諸善根으로 願得莊嚴

일체불국 원득주변일체세계 원득성
一切佛國하며 願得周徧一切世界하며 願得成

취지혜관찰 여위기신 여시회향 여
就智慧觀察호대 如爲己身하야 如是迴向하야 如

시이위일체중생
是而爲一切衆生하나니라

소위원일체중생 영리일체지옥축생염라
所謂願一切衆生이 永離一切地獄畜生閻羅

왕취 원일체중생 제멸일체장애지업
王趣하며 願一切衆生이 除滅一切障礙之業하며

원일체중생 득주보심평등지혜
願一切衆生이 得周普心平等智慧하나니라

원일체중생 어원어친 등심섭수 개령
願一切衆生이 於怨於親에 等心攝受하야 皆令

불자들이여, 보살마하살이 모든 선근으로 일체 부처님 국토를 장엄하기를 원하며, 일체 세계에 두루하기를 원하며, 지혜로 관찰함을 성취하기를 원하되 자기 몸을 위하여 이렇게 회향하는 것처럼 이와 같이 일체 중생을 위한다.

이른바 일체 중생이 일체 지옥과 축생과 염라왕의 갈래를 영원히 여의기를 원하며, 일체 중생이 일체 장애의 업을 멸하여 없애기를 원하며, 일체 중생이 두루 넓은 마음과 평등한 지혜를 얻기를 원한다.

일체 중생이 원수거나 친한 이를 평등한 마음으로 섭수하여 모두 안락하고 지혜가 청정

안락　　지혜청정　　원일체중생　　지혜원
安樂하야 智慧淸淨하며 願一切衆生이 智慧圓

만　　정광보조　　원일체중생　　사혜성만
滿하야 淨光普照하며 願一切衆生이 思慧成滿하야

요진실의
了眞實義하나라

원일체중생　　이정지락　　취구보리　　획무
願一切衆生이 以淨志樂으로 趣求菩提하야 獲無

량지　　원일체중생　　보능현시안은주처
量智하며 願一切衆生이 普能顯示安隱住處나라

불자　　보살마하살　　항이선심　　여시회
佛子야 菩薩摩訶薩이 恒以善心으로 如是迴

향
向하나니라

위령일체중생　　우청량운주법우고　　위령
爲令一切衆生으로 遇淸凉雲霔法雨故며 爲令

케 하기를 원하며, 일체 중생이 지혜가 원만하고 깨끗한 광명이 널리 비치기를 원하며, 일체 중생이 생각하는 지혜가 원만히 이루어져서 진실한 이치를 알기를 원한다.

일체 중생이 깨끗한 뜻의 즐거움으로 보리를 구하여 한량없는 지혜를 얻기를 원하며, 일체 중생이 널리 안온하게 머무를 곳을 능히 나타내 보이기를 원한다.

불자들이여, 보살마하살이 항상 선한 마음으로 이와 같이 회향한다.

일체 중생이 청량한 구름을 만나 법의 비를 내리게 하기 위한 까닭이며, 일체 중생이 복전

일체중생　　상치복전승경계고
一切衆生으로 常値福田勝境界故니라

위령일체중생　　개능선입보리심장　　자
爲令一切衆生으로 皆能善入菩提心藏하야 自

호지고　위령일체중생　　이제개전　　선
護持故며 爲令一切衆生으로 離諸蓋纏하야 善

안주고
安住故니라

위령일체중생　　개획무애신통지고　위령
爲令一切衆生으로 皆獲無礙神通智故며 爲令

일체중생　　득자재신　　보시현고
一切衆生으로 得自在身하야 普示現故니라

위령일체중생　　성취최승일체종지　　보
爲令一切衆生으로 成就最勝一切種智하야 普

흥이익　　무공과고　위령일체중생　　보
興利益하야 無空過故며 爲令一切衆生으로 普

인 수승한 경계를 항상 만나게 하기 위한 까닭이다.

일체 중생이 모두 능히 보리심의 창고에 잘 들어가서 스스로 보호하여 지니게 하기 위한 까닭이며, 일체 중생이 모든 번뇌를 떠나서 잘 편안히 머무르게 하기 위한 까닭이다.

일체 중생이 걸림 없는 신통과 지혜를 다 얻게 하기 위한 까닭이며, 일체 중생이 자재한 몸을 얻어 널리 나타내 보이게 하기 위한 까닭이다.

일체 중생이 가장 수승한 일체종지를 성취하고 이익을 널리 일으켜 헛되이 지나감이 없게 하기 위한 까닭이며, 일체 중생이 널리 중생들

섭 군 품　　　영 청 정 고
攝群品하야　令淸淨故니라

위 령 일 체 중 생　　　개 능 구 경 일 체 지 고　위 령
爲令一切衆生으로　皆能究竟一切智故며　爲令

일 체 중 생　　　심 부 동 요　　　무 장 애 고
一切衆生으로　心不動搖하야　無障礙故니라

불 자　보 살 마 하 살　　견 가 애 락 국 토 원 림　초
佛子야　菩薩摩訶薩이　見可愛樂國土園林과　草

목 화 과　　명 향 상 복　　진 보 재 물　　제 장 엄 구
木華果와　名香上服과　珍寶財物의　諸莊嚴具하며

혹 견 가 락 촌 읍 취 락　　혹 견 제 왕　위 덕 자 재
或見可樂村邑聚落하며　或見帝王의　威德自在하며

혹 견 주 처　이 제 훤 잡
或見住處에　離諸諠雜하니라

을 거두어 청정케 하기 위한 까닭이다.

일체 중생이 모두 일체지를 끝까지 얻게 하기 위한 까닭이며, 일체 중생이 마음이 동요하지 않고 장애가 없게 하기 위한 까닭이다.

불자들이여, 보살마하살이 사랑스러운 국토와 원림과 초목과 꽃과 열매와 좋은 향과 최상의 의복과 보배와 재물과 모든 장엄거리를 보며, 혹은 사랑스러운 마을과 읍과 취락을 보며, 혹은 제왕의 위덕이 자재함을 보며, 혹은 머무르는 곳에서 모든 시끄럽고 복잡한 것을 떠남을 본다.

견시사이　　이방편지　　정근수습　　출생무
見是事已에　**以方便智**로　**精勤修習**하야　**出生無**

량승묘공덕
量勝妙功德하니라

위제중생　　근구선법　　심무방일　　광집
爲諸衆生하야　**勤求善法**하야　**心無放逸**하며　**廣集**

중선　　유여대해　　이무진선　　보부일체
衆善을　**猶如大海**하야　**以無盡善**으로　**普覆一切**하며

위중선법소의지처　　이제선근　　방편회
爲衆善法所依之處하야　**以諸善根**으로　**方便迴**

향　　이무분별　　개시무량종종선근　　지
向호대　**而無分別**하며　**開示無量種種善根**하야　**智**

상관찰일체중생
常觀察一切衆生하니라

심항억념선근경계　　이등진여평등선근
心恒憶念善根境界하야　**以等眞如平等善根**으로

이 일을 보고는 방편과 지혜로 부지런히 닦아 익혀서 한량없는 수승하고 미묘한 공덕을 낸다.

모든 중생들을 위하여 선한 법을 부지런히 구하되 마음이 방일하지 않으며, 온갖 선을 널리 모아 마치 큰 바다와 같이 하며, 다함이 없는 선으로 일체를 널리 덮으며, 온갖 선한 법의 의지할 곳이 되며, 모든 선근을 방편으로 회향하되 분별이 없으며, 한량없는 갖가지 선근을 열어 보이며, 지혜로 일체 중생을 항상 관찰한다.

마음은 항상 선근의 경계를 기억하여 평등한

회향중생　　무유휴식
迴向衆生호대 無有休息하나라

보살　이시　이제선근　　여시회향
菩薩이 爾時에 以諸善根으로 如是迴向하나니라

소위원일체중생　 득제여래　 가애락견
所謂願一切衆生이 得諸如來의 可愛樂見하야

견법진성　　평등평등　　무소취착　　원만
見法眞性의 平等平等하고 無所取著하야 圓滿

청정　　원일체중생　견제여래　심가애락
淸淨하며 願一切衆生이 見諸如來의 甚可愛樂하고

원만공양　　원일체중생　왕생일체무제번
圓滿供養하며 願一切衆生이 往生一切無諸煩

뇌심가애락청정불찰
惱甚可愛樂淸淨佛刹하나라

원일체중생　득견제불　가애락법　　원일
願一切衆生이 得見諸佛의 可愛樂法하며 願一

진여와 평등한 선근으로 중생들에게 회향하기를 쉬지 아니한다.

보살이 이때에 모든 선근으로 이와 같이 회향한다.

이른바 일체 중생이 모든 여래의 사랑스러운 견해를 얻어 법의 참 성품이 평등하고 평등함을 보고 취착할 바가 없어서 원만하고 청정하기를 원하며, 일체 중생이 모든 여래의 매우 사랑스러움을 보고 원만하게 공양하기를 원하며, 일체 중생이 일체 모든 번뇌가 없고 매우 사랑스러운 청정한 부처님 세계에 왕생하기를 원한다.

체 중 생　상락호지일체보살　가애락행
切衆生이 常樂護持一切菩薩의 可愛樂行하며

원일체중생　득선지식　가애락안　견무
願一切衆生이 得善知識의 可愛樂眼하야 見無

소 애
所礙하나라

원일체중생　상견일체가애락물　무유위
願一切衆生이 常見一切可愛樂物하야 無有違

역　　원일체중생　증득일체가애락법
逆하며 願一切衆生이 證得一切可愛樂法하야

이근호지　　원일체중생　어일체불가락법
而勤護持하며 願一切衆生이 於一切佛可樂法

중　득정광명
中에 得淨光明하나라

원일체중생　수제보살　일체능사가애락
願一切衆生이 修諸菩薩의 一切能捨可愛樂

일체 중생이 모든 부처님의 사랑스러운 법을
보기를 원하며, 일체 중생이 항상 일체 보살의
사랑스러운 행을 즐거이 보호해 지니기를 원
하며, 일체 중생이 선지식의 사랑스러운 눈을
얻어 걸리는 바가 없이 보기를 원한다.

일체 중생이 항상 일체 사랑스러운 물건들을
보되 어기거나 거스름이 없기를 원하며, 일체
중생이 일체 사랑스러운 법을 증득하고 부지
런히 보호해 지니기를 원하며, 일체 중생이 일
체 부처님의 사랑스러운 법에서 청정한 광명
을 얻기를 원한다.

일체 중생이 모든 보살들의 일체를 능히 버

심　　원일체중생　　득무소외　　능설일체
心하며 願一切衆生이 得無所畏하야 能說一切

가 애 락 법
可愛樂法하니라

원일체중생　　득제보살　　극가애락심심삼
願一切衆生이 得諸菩薩의 極可愛樂甚深三

매　　원일체중생　　득제보살　　심가애락다
昧하며 願一切衆生이 得諸菩薩의 甚可愛樂陀

라 니 문
羅尼門하니라

원일체중생　　득제보살　　심가애락선관찰
願一切衆生이 得諸菩薩의 甚可愛樂善觀察

지　　원일체중생　　능현보살　　심가애락자
智하며 願一切衆生이 能現菩薩의 甚可愛樂自

재 신 통
在神通하니라

리는 사랑스러운 마음을 닦기를 원하며, 일체 중생이 두려울 바 없음을 얻어 일체 사랑스러운 법을 능히 설하기를 원한다.

일체 중생이 모든 보살들의 지극히 사랑스러운 매우 깊은 삼매를 얻기를 원하며, 일체 중생이 모든 보살들의 매우 사랑스러운 다라니문을 얻기를 원한다.

일체 중생이 모든 보살들의 매우 사랑스러운 잘 관찰하는 지혜를 얻기를 원하며, 일체 중생이 보살의 매우 사랑스러운 자재한 신통을 능히 나타내기를 원한다.

일체 중생이 능히 모든 부처님의 대중모임

원일체중생　　능어제불대중회중　　설가애
願一切衆生이 能於諸佛大衆會中에 說可愛

락심심묘법　　원일체중생　　능이방편
樂甚深妙法하며 願一切衆生이 能以方便으로

개시연설심가애락차별지구
開示演說甚可愛樂差別之句하나라

원일체중생　　상능발기심가애락평등대비
願一切衆生이 常能發起甚可愛樂平等大悲하며

원일체중생　　염념발기심가애락대보리심
願一切衆生이 念念發起甚可愛樂大菩提心하야

상령제근　　환희열예
常令諸根으로 歡喜悅豫하나라

원일체중생　　능입일체심가애락제여래가
願一切衆生이 能入一切甚可愛樂諸如來家하며

원일체중생　　득가애락능조복행　　조복중
願一切衆生이 得可愛樂能調伏行하야 調伏衆

가운데서 사랑스러운 매우 깊고 미묘한 법을 설하기를 원하며, 일체 중생이 능히 방편으로 매우 사랑스러운 차별한 문구를 열어 보이고 연설하기를 원한다.

일체 중생이 항상 매우 사랑스러운 평등한 대비를 능히 일으키기를 원하며, 일체 중생이 생각생각에 매우 사랑스러운 큰 보리심을 일으켜서 항상 모든 근이 환희하고 기뻐하게 하기를 원한다.

일체 중생이 일체 매우 사랑스러운 모든 여래가에 능히 들어가기를 원하며, 일체 중생이 사랑스러운 능히 조복하는 행을 얻어서 중생

생　　　무유휴식
生호대 無有休息하니라

원일체중생　　득제보살　　심가애락무진변
願一切衆生이 得諸菩薩의 甚可愛樂無盡辯

재　　　연설제법　　　원일체중생　　어불가설
才하야 演說諸法하며 願一切衆生이 於不可說

불가설겁　　주어일체가락세계　　교화중생
不可說劫에 住於一切可樂世界하야 敎化衆生호대

심무염권
心無厭倦하니라

원일체중생　　이무량방편　　　보능오입심가
願一切衆生이 以無量方便으로 普能悟入甚可

애락제불법문　　원일체중생　　득가애락무
愛樂諸佛法門하며 願一切衆生이 得可愛樂無

애방편　　지일체법　　무유근본
礙方便하야 知一切法이 無有根本하니라

을 조복하되 휴식함이 없기를 원한다.

일체 중생이 모든 보살들의 매우 사랑스러운 다함없는 변재를 얻어서 모든 법을 연설하기를 원하며, 일체 중생이 말할 수 없이 말할 수 없는 겁 동안 일체 사랑스러운 세계에 머물러 중생들을 교화하되 마음에 싫어하거나 게으름이 없기를 원한다.

일체 중생이 한량없는 방편으로 매우 사랑스러운 모든 부처님의 법문에 널리 능히 깨달아 들어가기를 원하며, 일체 중생이 사랑스러운 걸림 없는 방편을 얻어서 일체 법이 근본이 없음을 알기를 원한다.

원일체중생　　득가애락이탐욕제　　지일체
願一切衆生이 得可愛樂離貪欲際하야 知一切

법　　필경무이　　단일체장　　원일체중생
法이 畢竟無二하야 斷一切障하며 願一切衆生이

득가애락이탐욕제　　지일체법　　평등진
得可愛樂離貪欲際하야 知一切法이 平等眞

실
實하니라

원일체중생　　구족성만일체보살　　심가애
願一切衆生이 具足成滿一切菩薩의 甚可愛

락무희론법　　원일체중생　　득금강장정진
樂無戲論法하며 願一切衆生이 得金剛藏精進

지심　　성가애락일체지도
之心하야 成可愛樂一切智道하니라

원일체중생　　구가애락무애선근　　최복일
願一切衆生이 具可愛樂無礙善根하야 摧伏一

일체 중생이 탐욕을 여읜 사랑스러운 경계를 얻어서 일체 법이 필경에 둘이 없음을 알고 일체 장애를 끊기를 원하며, 일체 중생이 탐욕을 여읜 사랑스러운 경계를 얻어서 일체 법이 평등하고 진실함을 알기를 원한다.

일체 중생이 일체 보살의 매우 사랑스러운 희론이 없는 법을 구족하게 원만히 이루기를 원하며, 일체 중생이 금강장의 정진하는 마음을 얻어 사랑스러운 일체 지혜의 길을 이루기를 원한다.

일체 중생이 사랑스러운 걸림 없는 선근을 갖추어 일체 번뇌와 원수를 꺾어 굴복시키기

체 번 뇌 원 적　　　원 일 체 중 생　　　득 가 애 락 일 체
切煩惱怨敵하며 願一切衆生이 得可愛樂一切

지 문　　　　보 어 세 간　　　현 성 정 각
智門하야 普於世間에 現成正覺이니라

불 자　　　보 살 마 하 살　　　수 습 여 시 제 선 근 시　　　득
佛子야 菩薩摩訶薩이 修習如是諸善根時에 得

지 혜 명　　　위 선 지 식 지 소 섭 수
智慧明하야 爲善知識之所攝受하나라

여 래 혜 일　　　명 조 기 심　　　영 멸 치 명　　　근 수
如來慧日이 明照其心하야 永滅癡冥하며 勤修

정 법　　　입 제 지 업　　　선 학 지 지　　　유 포 선 근
正法하야 入諸智業하며 善學智地하야 流布善根하야

충 만 법 계　　　이 지 회 향　　　진 제 보 살 선 근 원
充滿法界하며 以智迴向하야 盡諸菩薩善根源

를 원하며, 일체 중생이 사랑스러운 일체 지혜의 문을 얻어 널리 세간에서 정각 이룸을 나타내기를 원한다.

불자들이여, 보살마하살이 이와 같은 모든 선근을 닦아 익힐 때에 지혜의 광명을 얻어 선지식의 거두어 주는 바가 된다.

여래 지혜의 해가 그 마음을 밝게 비추어 어리석음의 어둠을 영원히 없애며, 바른 법을 부지런히 닦아 모든 지혜의 업에 들어가며, 지혜의 지위를 잘 배우고 선근을 유포하여 법계에 충만하며, 지혜로 회향하여 모든 보살들의 선

저   이지심입대방편해   성취무량광대
底하고 以智深入大方便海하야 成就無量廣大

선근
善根이니라

불자   보살마하살   이차선근   여시회
佛子야 菩薩摩訶薩이 以此善根으로 如是迴

향
向하나니라

소위불착세간   불취중생   기심청정
所謂不著世間하고 不取衆生하야 其心清淨하야

무소의지   정념제법   이분별견
無所依止하며 正念諸法하야 離分別見하나라

불사일체불자재혜   불위삼세일체제불정
不捨一切佛自在慧하야 不違三世一切諸佛正

근의 근원까지 다하며, 지혜로 큰 방편바다
에 깊이 들어가 한량없고 광대한 선근을 성
취한다.

　불자들이여, 보살마하살이 이 선근으로 이와
같이 회향한다.

　이른바 세간에 집착하지 아니하고 중생을 취
하지 아니하며, 그 마음이 청정하여 의지할 곳
이 없으며, 모든 법을 바르게 생각하여 분별하
는 소견을 여읜다.

　일체 부처님의 자재하신 지혜를 버리지 아니
하고 삼세 일체 모든 부처님의 바르게 회향하

회향문　　수순일체평등정법　　불괴여래
迴向門하며 隨順一切平等正法하며 不壞如來

진실지상
眞實之相하니라

등관삼세　　무중생상　　선순불도　　선설
等觀三世하야 無衆生相하며 善順佛道하고 善說

어법　　심료기의　　입최승지　　오진실
於法하야 深了其義하며 入最勝地하야 悟眞實

법　　지혜원만　　신락견고
法하며 智慧圓滿하야 信樂堅固하니라

수선수정업　　이지업성공　　요일체법
雖善修正業이나 而知業性空하야 了一切法이

개여환화　　지일체법　　무유자성　　관일
皆如幻化하며 知一切法이 無有自性하며 觀一

시는 문을 어기지 아니하며, 일체 평등하고 바른 법을 수순하고 여래의 진실한 모양을 파괴하지 아니한다.

삼세를 평등하게 관찰하여 중생상이 없으며, 불도를 잘 따르고 법을 잘 설하며, 그 뜻을 깊이 알며, 가장 수승한 지위에 들어가며, 진실한 법을 깨달아 지혜가 원만하고 믿음과 즐겨함이 견고하다.

비록 바른 업을 잘 닦으나 업의 성품이 공함을 알아서 일체 법이 다 환화와 같음을 알며, 일체 법이 자성이 없음을 알며, 일체 뜻과 갖

체의　　급종종행　　수세언설　　이무소착
切義와 及種種行하야 隨世言說호대 而無所著하야

제멸일체집착인연
除滅一切執著因緣하니라

지여실리　　관제법성　　개실적멸　　요일
知如實理하야 觀諸法性이 皆悉寂滅하야 了一

체법　　동일실상　　지제법상　　불상위배
切法이 同一實相하며 知諸法相이 不相違背하며

여제보살　　이공동지　　수행기도
與諸菩薩로 而共同止하야 修行其道하니라

선섭중생　　입거래금일체보살회향지문
善攝衆生하야 入去來今一切菩薩迴向之門하며

어제불법　　심무경포　　이무량심　　영제
於諸佛法에 心無驚怖하야 以無量心으로 令諸

중생　　보득청정　　어시방세계　　불기집
衆生으로 普得清淨하며 於十方世界에 不起執

가지 행을 관찰하여 세상의 언설을 따르나 집착하는 바가 없어서 일체 집착하는 인연을 소멸하여 없앤다.

실제와 같은 이치를 알아서 모든 법의 성품이 모두 다 적멸함을 관하여 일체 법이 실상과 동일함을 알며, 모든 법의 모양이 서로 어기고 위배되지 아니함을 알고 모든 보살들과 더불어 함께 있으면서 그 도를 수행한다.

중생들을 잘 거두어서 과거와 미래와 현재의 일체 보살의 회향하는 문에 들어가며, 모든 불법에 마음이 두려워함이 없어서 한량없는 마음으로 모든 중생들로 하여금 널리 청정함

취아아소심　　어제세간　　무소분별
取我我所心하야 於諸世間에 無所分別하니라

어일체경계　　불생염착　　근수일체출세간
於一切境界에 不生染著하야 勤修一切出世間

법　　어제세간　　무취무의　　어심묘도
法하며 於諸世間에 無取無依하야 於深妙道에

정견뇌고　　이제망견　　요진실법
正見牢固하며 離諸妄見하야 了眞實法이니라

을 얻게 하며, 시방세계에서 '나'와 '나의 것'에 집착하는 마음을 일으키지 아니하고 모든 세간에서 분별하는 바가 없다.

일체 경계에 물들어 집착함을 내지 아니하고 일체 출세간의 법을 부지런히 닦으며, 모든 세간에 취함도 없고 의지함도 없어서 깊고 묘한 도에 바른 소견이 견고하며, 모든 허망한 견해를 떠나서 진실한 법을 분명히 안다.

비여진여　　변일체처　　무유변제　　　　선
譬如眞如가　徧一切處하야　無有邊際인달하야　善

근회향　　역부여시　　변일체처　　무유변
根迴向도　亦復如是하야　徧一切處하야　無有邊

제　　비여진여　　진실위성　　　　선근회향
際하며　譬如眞如가　眞實爲性인달하야　善根迴向도

역부여시　　요일체법　　진실위성
亦復如是하야　了一切法이　眞實爲性하니라

비여진여　　항수본성　　무유개변　　　　선
譬如眞如가　恒守本性하야　無有改變인달하야　善

근회향　　역부여시　　수기본성　　시종불
根迴向도　亦復如是하야　守其本性하야　始終不

개　　비여진여　　이일체법　　무성위성
改하며　譬如眞如가　以一切法의　無性爲性인달하야

선근회향　　역부여시　　요일체법　　무성위
善根迴向도　亦復如是하야　了一切法이　無性爲

비유하면 진여가 일체 처에 두루하여 끝이 없듯이 선근의 회향도 또한 다시 이와 같아서 일체 처에 두루하여 끝이 없으며, 비유하면 진여가 진실함으로 성품을 삼듯이 선근의 회향도 또한 다시 이와 같아서 일체 법이 진실함으로 성품을 삼음을 분명히 안다.

비유하면 진여가 항상 본 성품을 지켜서 고치고 변함이 없듯이 선근의 회향도 또한 다시 이와 같아서 그 본 성품을 지켜서 처음부터 끝까지 고치지 않으며, 비유하면 진여가 일체 법의 성품이 없음으로 성품을 삼듯이 선근의 회향도 또한 다시 이와 같아서 일체 법의 성품

성
性하니라

비여진여　　무상위상　　　　선근회향　　역부
譬如眞如가 **無相爲相**인달하야 **善根迴向**도 **亦復**

여시　　　요일체법　　무상위상　　　비여진여
如是하야 **了一切法**이 **無相爲相**하며 **譬如眞如**가

약유득자　　종무퇴전　　　　선근회향　　역부
若有得者면 **終無退轉**인달하야 **善根迴向**도 **亦復**

여시　　　약유득자　　어제불법　　영불퇴전
如是하야 **若有得者**면 **於諸佛法**에 **永不退轉**하니라

비여진여　　일체제불지소행처　　　　선근회
譬如眞如가 **一切諸佛之所行處**인달하야 **善根迴**

향　　역부여시　　일체여래　　소행지처　　비
向도 **亦復如是**하야 **一切如來**의 **所行之處**며 **譬**

여진여　　이경계상　　이위경계　　　　선근
如眞如가 **離境界相**으로 **而爲境界**인달하야 **善根**

이 없음으로 성품을 삼음을 분명히 안다.

비유하면 진여가 모양이 없음으로 모양을 삼듯이 선근의 회향도 또한 다시 이와 같아서 일체 법의 모양이 없음으로 모양을 삼음을 분명히 알며, 비유하면 진여가 만약 얻은 자가 있으면 마침내 퇴전함이 없듯이 선근의 회향도 또한 다시 이와 같아서 만약 얻은 자가 있으면 모든 부처님 법에서 영원히 퇴전하지 아니한다.

비유하면 진여가 일체 모든 부처님의 행하시는 곳이듯이 선근의 회향도 또한 다시 이와 같아서 일체 여래의 행하시는 곳이며, 비유하

회향　　역부여시　　　이경계상　　　이위삼세
迴向도 **亦復如是**하야 **離境界相**으로 **而爲三世**

일체제불　　원만경계
一切諸佛의 **圓滿境界**니라

비여진여　　능유안립　　　　선근회향　　역부
譬如眞如가 **能有安立**인달하야 **善根迴向**도 **亦復**

여시　　　실능안립일체중생　　비여진여
如是하야 **悉能安立一切衆生**하며 **譬如眞如**가

성상수순　　　선근회향　　역부여시　　　진
性常隨順인달하야 **善根迴向**도 **亦復如是**하야 **盡**

미래겁　　수순부단
未來劫토록 **隨順不斷**하니라

비여진여　　무능측량　　　선근회향　　역부
譬如眞如가 **無能測量**인달하야 **善根迴向**도 **亦復**

면 진여가 경계를 여읜 모양으로 경계를 삼듯이 선근의 회향도 또한 다시 이와 같아서 경계를 여읜 모양으로 삼세 일체 모든 부처님의 원만한 경계를 삼는다.

비유하면 진여가 능히 안립함이 있듯이 선근의 회향도 또한 다시 이와 같아서 모두 능히 일체 중생을 안립하며, 비유하면 진여가 성품이 항상 수순하듯이 선근의 회향도 또한 다시 이와 같아서 미래겁이 다하도록 수순하여 끊이지 않는다.

비유하면 진여가 측량할 수 없듯이 선근의

여시　　　등허공계　　　진중생심　　　무능측
如是하야 等虛空界에 盡衆生心하야도 無能測

량　　　비여진여　　　충만일체　　　선근회향
量하며 譬如眞如가 充滿一切인달하야 善根迴向도

역부여시　　　일찰나중　　　보주법계
亦復如是하야 一刹那中에 普周法界하나라

비여진여　　　상주무진　　　선근회향　　　역부
譬如眞如가 常住無盡인달하야 善根迴向도 亦復

여시　　　구경무진　　　비여진여　　　무유비
如是하야 究竟無盡하며 譬如眞如가 無有比

대　　　선근회향　　　역부여시　　　보능원만
對인달하야 善根迴向도 亦復如是하야 普能圓滿

일체불법　　　무유비대
一切佛法하야 無有比對하나라

비여진여　　　체성견고　　　선근회향　　　역부
譬如眞如가 體性堅固인달하야 善根迴向도 亦復

회향도 또한 다시 이와 같아서 허공계와 평등한 온 중생의 마음을 측량할 수 없으며, 비유하면 진여가 일체에 충만하듯이 선근의 회향도 또한 다시 이와 같아서 한 찰나에 널리 법계에 두루한다.

비유하면 진여가 항상 머물러 다함이 없듯이 선근의 회향도 또한 다시 이와 같아서 구경에 다함이 없으며, 비유하면 진여가 견주어 상대할 것이 없듯이 선근의 회향도 또한 다시 이와 같아서 널리 일체 불법에 능히 원만하여 견주어 상대할 것이 없다.

비유하면 진여가 체성이 견고하듯이 선근의

여시 　　체성견고 　　　비제혹뇌지소능저
如是하야 體性堅固하야 非諸惑惱之所能沮며

비여진여 　　불가파괴 　　　선근회향 　　역부
譬如眞如가 不可破壞인달하야 善根迴向도 亦復

여시 　　　일체중생 　　불능손괴
如是하야 一切衆生이 不能損壞하나라

비여진여 　　조명위체 　　　선근회향 　　　역부
譬如眞如가 照明爲體인달하야 善根迴向도 亦復

여시 　　　이보조명 　　　이위기성 　　　비여진여
如是하야 以普照明으로 而爲其性하며 譬如眞如가

무소부재 　　　선근회향 　　역부여시 　　　어
無所不在인달하야 善根迴向도 亦復如是하야 於

일체처 　　실무부재
一切處에 悉無不在하나라

비여진여 　　변일체시 　　　선근회향 　　　역부
譬如眞如가 徧一切時인달하야 善根迴向도 亦復

회향도 또한 다시 이와 같아서 체성이 견고하여 모든 미혹한 번뇌가 능히 저해할 바가 아니며, 비유하면 진여가 파괴할 수 없듯이 선근의 회향도 또한 다시 이와 같아서 일체 중생이 능히 깨뜨리지 못한다.

비유하면 진여가 밝게 비치는 것으로 체성을 삼듯이 선근의 회향도 또한 다시 이와 같아서 널리 밝게 비침으로 그 성품을 삼으며, 비유하면 진여가 있지 않은 곳이 없듯이 선근의 회향도 또한 다시 이와 같아서 일체 처소에 모두 있지 않음이 없다.

비유하면 진여가 일체 시에 두루하듯이 선근

여시　　변일체시　　비여진여　　성상청
如是하야 徧一切時하며 譬如眞如가 性常淸

정　　　선근회향　역부여시　　주어세간
淨인달하야 善根迴向도 亦復如是하야 住於世間호대

이체청정
而體淸淨하니라

비여진여　어법무애　　선근회향　역부
譬如眞如가 於法無礙인달하야 善根迴向도 亦復

여시　　주행일체　이무소애　비여진여
如是하야 周行一切호대 而無所礙하며 譬如眞如가

위중법안　　선근회향　역부여시　　능
爲衆法眼인달하야 善根迴向도 亦復如是하야 能

위일체중생작안
爲一切衆生作眼하니라

의 회향도 또한 다시 이와 같아서 일체 시에 두루하며, 비유하면 진여가 성품이 항상 청정하듯이 선근의 회향도 또한 다시 이와 같아서 세간에 머무르되 체성이 청정하다.

비유하면 진여가 법에 걸림이 없듯이 선근의 회향도 또한 다시 이와 같아서 일체에 두루 다녀도 걸리는 바가 없으며, 비유하면 진여가 온갖 법의 눈이 되듯이 선근의 회향도 또한 다시 이와 같아서 능히 일체 중생을 위하여 눈이 된다.

비여진여　　성무노권　　　선근회향　　역부
譬如眞如가 **性無勞倦**인달하야 **善根迴向**도 **亦復**

여시　　　수행일체보살제행　　　항무노권
如是하야 **修行一切菩薩諸行**호대 **恒無勞倦**하며

비여진여　　체성심심　　　선근회향　　역부
譬如眞如가 **體性甚深**인달하야 **善根迴向**도 **亦復**

여시　　　기성심심
如是하야 **其性甚深**하니라

비여진여　　무유일물　　　선근회향　　역부
譬如眞如가 **無有一物**인달하야 **善根迴向**도 **亦復**

여시　　　요지기성　　무유일물　　비여진여
如是하야 **了知其性**이 **無有一物**하며 **譬如眞如**가

성비출현　　　선근회향　역부여시　　기
性非出現인달하야 **善根迴向**도 **亦復如是**하야 **其**

체미묘　　난가득견
體微妙하야 **難可得見**하니라

비유하면 진여가 성품이 피로함이 없듯이 선근의 회향도 또한 다시 이와 같아서 일체 보살의 모든 행을 수행하여도 항상 피로함이 없으며, 비유하면 진여가 체성이 매우 깊듯이 선근의 회향도 또한 다시 이와 같아서 그 성품이 매우 깊다.

비유하면 진여가 한 물건도 없듯이 선근의 회향도 또한 다시 이와 같아서 그 성품이 한 물건도 없음을 분명히 알며, 비유하면 진여가 성품이 출현하는 것이 아니듯이 선근의 회향도 또한 다시 이와 같아서 그 체성이 미묘하여 보기 어렵다.

비여진여　　이중구예　　　　선근회향　　역부
譬如眞如가　離衆垢翳인달하야　善根迴向도　亦復

여시　　　혜안청정　　　이제치예　　　비여진
如是하야　慧眼淸淨하야　離諸癡翳하며　譬如眞

여　　성무여등　　　　　선근회향　　역부여시
如가　性無與等인달하야　善根迴向도　亦復如是하야

성취일체제보살행　　　최상무등
成就一切諸菩薩行하야　最上無等하니라

비여진여　　체성적정　　　　선근회향　　역부
譬如眞如가　體性寂靜인달하야　善根迴向도　亦復

여시　　　선능수순적정지법　　　비여진여
如是하야　善能隨順寂靜之法하며　譬如眞如가

무유근본　　　　　선근회향　　역부여시　　　능
無有根本인달하야　善根迴向도　亦復如是하야　能

입일체무근본법
入一切無根本法하니라

비유하면 진여가 온갖 때의 가림을 여의듯이 선근의 회향도 또한 다시 이와 같아서 지혜의 눈이 청정하여 모든 어리석음의 가림을 여의며, 비유하면 진여가 성품이 더불어 같음이 없듯이 선근의 회향도 또한 다시 이와 같아서 일체 모든 보살행을 성취하여 가장 높아 같음이 없다.

비유하면 진여가 체성이 적정하듯이 선근의 회향도 또한 다시 이와 같아서 적정한 법을 잘 능히 수순하며, 비유하면 진여는 근본이 없듯이 선근의 회향도 또한 다시 이와 같아서 일체 근본이 없는 법에 능히 들어간다.

비여진여　　체성무변　　　선근회향　　역부
譬如眞如가 體性無邊인달하야 善根迴向도 亦復

여시　　　정제중생　　기수무변　　　비여진여
如是하야 淨諸衆生호대 其數無邊하며 譬如眞如가

체성무착　　　　선근회향　　역부여시　　　필
體性無著인달하야 善根迴向도 亦復如是하야 畢

경원리일체제착
竟遠離一切諸著하니라

비여진여　　무유장애　　　　선근회향　　역부
譬如眞如가 無有障礙인달하야 善根迴向도 亦復

여시　　　제멸일체세간장애　　　비여진여
如是하야 除滅一切世間障礙하며 譬如眞如가

비세소행　　　선근회향　　역부여시　　　비
非世所行인달하야 善根迴向도 亦復如是하야 非

제세간지소능행
諸世間之所能行이니라

비유하면 진여가 체성이 가없듯이 선근의 회향도 또한 다시 이와 같아서 모든 중생들을 청정케 하되 그 수효가 가없으며, 비유하면 진여가 체성이 집착함이 없듯이 선근의 회향도 또한 다시 이와 같아서 필경에 일체 모든 집착을 멀리 여읜다.

비유하면 진여가 장애가 없듯이 선근의 회향도 또한 다시 이와 같아서 일체 세간의 장애를 소멸하여 없애며, 비유하면 진여는 세간의 행할 바가 아니듯이 선근의 회향도 또한 다시 이와 같아서 모든 세간의 능히 행할 바가 아니다.

비여진여　체성무주　　　선근회향　역부
譬如眞如가 **體性無住**인달하야 **善根迴向**도 **亦復**

여시　　일체생사　개비소주　　비여진여
如是하야 **一切生死**가 **皆非所住**며 **譬如眞如**가

성무소작　　　선근회향　역부여시　　　일
性無所作인달하야 **善根迴向**도 **亦復如是**하야 **一**

체소작　실개사리
切所作을 **悉皆捨離**하나라

비여진여　체성안주　　　선근회향　역부
譬如眞如가 **體性安住**인달하야 **善根迴向**도 **亦復**

여시　　안주진실　비여진여　여일체법
如是하야 **安住眞實**하며 **譬如眞如**가 **與一切法**으로

이공상응　　　선근회향　역부여시　　　여
而共相應인달하야 **善根迴向**도 **亦復如是**하야 **與**

제보살　청문수습　　이공상응
諸菩薩로 **聽聞修習**하야 **而共相應**하나라

비유하면 진여가 체성은 머무름이 없듯이 선근의 회향도 또한 다시 이와 같아서 일체 생사가 다 머무를 바가 아니며, 비유하면 진여가 성품은 지은 것이 없듯이 선근의 회향도 또한 다시 이와 같아서 일체 지은 것을 모두 다 버리고 여읜다.

비유하면 진여가 체성이 편안히 머무르듯이 선근의 회향도 또한 다시 이와 같아서 진실에 편안히 머무르며, 비유하면 진여가 일체 법과 더불어 함께 서로 응하듯이 선근의 회향도 또한 다시 이와 같아서 모든 보살들과 더불어 듣고 닦아 익혀서 함께 서로 응한다.

비여진여　　　일체법중　　성상평등　　　　선근
譬如眞如가　一切法中에　性常平等인달하야　善根

회향　　　역부여시　　　어제세간　　수평등행
迴向도　亦復如是하야　於諸世間에　修平等行하며

비여진여　　　불리제법　　　　선근회향　　역부
譬如眞如가　不離諸法인달하야　善根迴向도　亦復

여시　　　진미래제　　　불사세간
如是하야　盡未來際토록　不捨世間하니라

비여진여　　　일체법중　　필경무진　　　선근
譬如眞如가　一切法中에　畢竟無盡인달하야　善根

회향　　　역부여시　　　어제중생　　회향무진
迴向도　亦復如是하야　於諸衆生에　迴向無盡하며

비여진여　　　여일체법　　무유상위　　　　선
譬如眞如가　與一切法으로　無有相違인달하야　善

비유하면 진여가 일체 법 가운데 성품이 항상 평등하듯이 선근의 회향도 또한 다시 이와 같아서 모든 세간에서 평등한 행을 닦으며, 비유하면 진여가 모든 법을 여의지 않듯이 선근의 회향도 또한 다시 이와 같아서 미래제가 다하도록 세간을 버리지 아니한다.

비유하면 진여가 일체 법 가운데 필경에 다함이 없듯이 선근의 회향도 또한 다시 이와 같아서 모든 중생들에게 회향함이 다함이 없으며, 비유하면 진여가 일체 법과 더불어 서로 어기지 않듯이 선근의 회향도 또한 다시 이

근회향 역부여시 불위삼세일체불법
根迴向도 亦復如是하야 不違三世一切佛法하니라

비여진여 보섭제법 선근회향 역부
譬如眞如가 普攝諸法인달하야 善根迴向도 亦復

여시 진섭일체중생선근 비여진여
如是하야 盡攝一切衆生善根하며 譬如眞如가

여일체법 동기체성 선근회향 역
與一切法으로 同其體性인달하야 善根迴向도 亦

부여시 여삼세불 동일체성
復如是하야 與三世佛로 同一體性하니라

비여진여 여일체법 불상사리 선
譬如眞如가 與一切法으로 不相捨離인달하야 善

근회향 역부여시 섭지일체세출세법
根迴向도 亦復如是하야 攝持一切世出世法하며

비여진여 무능영폐 선근회향 역부
譬如眞如가 無能映蔽인달하야 善根迴向도 亦復

와 같아서 삼세의 일체 부처님 법과 어기지 않는다.

비유하면 진여가 모든 법을 널리 거두듯이 선근의 회향도 또한 다시 이와 같아서 일체 중생의 선근을 모두 거두며, 비유하면 진여가 일체 법과 더불어 그 체성이 같듯이 선근의 회향도 또한 다시 이와 같아서 삼세의 부처님과 더불어 체성이 동일하다.

비유하면 진여가 일체 법과 더불어 서로 버리고 여의지 않듯이 선근의 회향도 또한 다시 이와 같아서 일체 세간법과 출세간법을 거두어 지니며, 비유하면 진여는 덮어 가릴 수 없

여시　　일체세간　　무능영폐
如是하야 一切世間이 無能映蔽하나라

비여진여　　불가동요　　　선근회향　　역부
譬如眞如가 不可動搖인달하야 善根迴向도 亦復

여시　　일체마업　　무능동요　　비여진여
如是하야 一切魔業이 無能動搖하며 譬如眞如가

성무구탁　　　선근회향　　역부여시　　수
性無垢濁인달하야 善根迴向도 亦復如是하야 修

보살행　　무유구탁
菩薩行하야 無有垢濁하나라

비여진여　　무유변역　　　선근회향　　역부
譬如眞如가 無有變易인달하야 善根迴向도 亦復

여시　　민념중생　　심무변역　　비여진
如是하야 愍念衆生하야 心無變易하며 譬如眞

여　　불가궁진　　　선근회향　　역부여시
如가 不可窮盡인달하야 善根迴向도 亦復如是하야

듯이 선근의 회향도 또한 다시 이와 같아서 일

체 세간이 덮어 가릴 수 없다.

비유하면 진여는 흔들 수 없듯이 선근의 회

향도 또한 다시 이와 같아서 일체 마군의 업이

흔들지 못하며, 비유하면 진여가 성품이 때가

없듯이 선근의 회향도 또한 다시 이와 같아서

보살행을 닦아서 때가 없다.

비유하면 진여가 변하여 바뀜이 없듯이 선근

의 회향도 또한 다시 이와 같아서 중생을 가엾

게 생각하여 마음이 변하여 바뀌지 않으며,

비유하면 진여가 끝까지 다할 수 없듯이 선근

의 회향도 또한 다시 이와 같아서 모든 세간법

비제세법　소능궁진
非諸世法의 所能窮盡이니라

비여진여　성상각오　　선근회향　역부
譬如眞如가 性常覺悟인달하야 善根迴向도 亦復

여시　　보능각오일체제법　비여진여
如是하야 普能覺悟一切諸法하며 譬如眞如가

불가실괴　　선근회향　역부여시　　어
不可失壞인달하야 善根迴向도 亦復如是하야 於

제중생　기승지원　　영불실괴
諸衆生에 起勝志願하야 永不失壞하니라

비여진여　능대조명　　선근회향　역부
譬如眞如가 能大照明인달하야 善根迴向도 亦復

여시　이대지광　조제세간　비여진여
如是하야 以大智光으로 照諸世間하며 譬如眞如가

으로 능히 끝까지 다할 바가 아니다.

비유하면 진여가 성품이 항상 깨닫듯이 선근의 회향도 또한 다시 이와 같아서 널리 일체 모든 법을 능히 깨달으며, 비유하면 진여는 잃어버리고 무너뜨릴 수 없듯이 선근의 회향도 또한 다시 이와 같아서 모든 중생들에게 수승한 뜻과 원을 일으켜 영원히 잃어버리고 무너지지 않는다.

비유하면 진여가 능히 크고 밝게 비추듯이 선근의 회향도 또한 다시 이와 같아서 큰 지혜의 광명으로 모든 세간을 비추며, 비유하면

불가언설　　　선근회향　　역부여시　　　일
不可言說인달하야 善根迴向도 亦復如是하야 一

체언어　소불가설
切言語로 所不可說이니라

비여진여　　지제세간　　　선근회향　　역부
譬如眞如가 持諸世間인달하야 善根迴向도 亦復

여시　　　능지일체보살제행　　　비여진여
如是하야 能持一切菩薩諸行하며 譬如眞如가

수세언설　　　선근회향　　역부여시　　수
隨世言說인달하야 善根迴向도 亦復如是하야 隨

순일체지혜언설
順一切智慧言說하니라

비여진여　　변일체법　　　선근회향　　역부
譬如眞如가 徧一切法인달하야 善根迴向도 亦復

여시　　　변어시방일체불찰　　　현대신통
如是하야 徧於十方一切佛刹하야 現大神通하야

진여는 말로 설할 수 없듯이 선근의 회향도 또한 다시 이와 같아서 일체 언어로 말할 수 없는 것이다.

비유하면 진여가 모든 세간을 유지하듯이 선근의 회향도 또한 다시 이와 같아서 일체 보살의 모든 행을 능히 지니며, 비유하면 진여가 세상의 말을 따르듯이 선근의 회향도 또한 다시 이와 같아서 일체 지혜의 언설을 수순한다.

비유하면 진여가 일체 법에 두루하듯이 선근의 회향도 또한 다시 이와 같아서 시방의 일체 부처님 세계에 두루하여 큰 신통을 나타내고

성등정각　　비여진여　　무유분별　　　선근
成等正覺하며 譬如眞如가 無有分別인달하야 善根

회향　　역부여시　　어제세간　　무소분별
迴向도 亦復如是하야 於諸世間에 無所分別하니라

비여진여　　변일체신　　　선근회향　　역부
譬如眞如가 徧一切身인달하야 善根迴向도 亦復

여시　　　변시방찰무량신중　　　비여진여
如是하야 徧十方刹無量身中하며 譬如眞如가

체성무생　　　선근회향　　역부여시　　　방
體性無生인달하야 善根迴向도 亦復如是하야 方

편시생　　이무소생
便示生호대 而無所生하니라

비여진여　　무소부재　　　선근회향　　역부
譬如眞如가 無所不在인달하야 善根迴向도 亦復

등정각을 이루며, 비유하면 진여가 분별이 없
듯이 선근의 회향도 또한 다시 이와 같아서 모
든 세간에서 분별할 것이 없다.

비유하면 진여가 일체 몸에 두루하듯이 선근
의 회향도 또한 다시 이와 같아서 시방세계의
한량없는 몸 가운데 두루하며, 비유하면 진여
가 체성은 생겨남이 없듯이 선근의 회향도 또
한 다시 이와 같아서 방편으로 생겨남을 보이
되 생겨나는 바가 없다.

비유하면 진여가 있지 않은 곳이 없듯이 선
근의 회향도 또한 다시 이와 같아서 시방 삼세

여시　　시방삼세제불토중　　보현신통
如是하야 十方三世諸佛土中에 普現神通하야

이무부재　　비여진여　　변재어야　　　선
而無不在하며 譬如眞如가 徧在於夜인달하야 善

근회향　　역부여시　　어일체야　　방대광
根迴向도 亦復如是하야 於一切夜에 放大光

명　　시작불사
明하야 施作佛事하니라

비여진여　　변재어주　　　선근회향　　역부
譬如眞如가 徧在於晝인달하야 善根迴向도 亦復

여시　　실령일체재주중생　　　견불신변
如是하야 悉令一切在晝衆生으로 見佛神變하고

연불퇴륜　　이구청정　　무공과자
演不退輪하야 離垢淸淨하야 無空過者하니라

비여진여　　변재반월　　급이일월　　　선근
譬如眞如가 徧在半月과 及以一月인달하야 善根

의 모든 부처님 국토 가운데 널리 신통을 나타내어 있지 않음이 없으며, 비유하면 진여가 밤에 두루하여 있듯이 선근의 회향도 또한 다시 이와 같아서 일체 밤에 큰 광명을 놓아 베풀어 불사를 짓는다.

비유하면 진여가 낮에 두루하여 있듯이 선근의 회향도 또한 다시 이와 같아서 모두 일체 낮에 있는 중생으로 하여금 부처님의 신통변화를 보고 물러나지 않는 법을 연설하여 때를 여의고 청정하여 헛되이 지나는 자가 없게 한다.

비유하면 진여가 반 달과 한 달에 두루하여

회향 역부여시 어제세간차제시절 득
迴向도 亦復如是하야 於諸世間次第時節에 得

선방편 어일념중 지일체시
善方便하야 於一念中에 知一切時하니라

비여진여 변재연세 선근회향 역부
譬如眞如가 徧在年歲인달하야 善根迴向도 亦復

여시 주무량겁 명료성숙일체제근
如是하야 住無量劫하야 明了成熟一切諸根하야

개령원만
皆令圓滿하니라

비여진여 변성괴겁 선근회향 역부
譬如眞如가 徧成壞劫인달하야 善根迴向도 亦復

여시 주일체겁 청정무염 교화중생
如是하야 住一切劫호대 淸淨無染하야 敎化衆生하야

함령청정
咸令淸淨하니라

있듯이 선근의 회향도 또한 다시 이와 같아서 모든 세간의 차례와 시절에 좋은 방편을 얻어 한 생각 가운데 일체 시를 안다.

비유하면 진여가 해에 두루하여 있듯이 선근의 회향도 또한 다시 이와 같아서 한량없는 겁에 머물러서 명료하게 일체 모든 근을 성숙시켜 다 원만하게 한다.

비유하면 진여가 이루어지고 무너지는 겁에 두루하듯이 선근의 회향도 또한 다시 이와 같아서 일체 겁에 머무르되 청정하고 물들지 않아 중생을 교화하여 다 청정케 한다.

비유하면 진여가 미래제가 다하듯이 선근의

비여진여　진미래제　　　선근회향　　역부
譬如眞如가 盡未來際인달하야 善根廻向도 亦復

여시　　　진미래제　　수제보살　청정묘행
如是하야 盡未來際토록 修諸菩薩의 淸淨妙行하야

성만대원　　무유퇴전
成滿大願하야 無有退轉하니라

비여진여　변주삼세　　　선근회향　　역부
譬如眞如가 徧住三世인달하야 善根廻向도 亦復

여시　　　영제중생　　어일찰나　견삼세불
如是하야 令諸衆生으로 於一刹那에 見三世佛하야

미증일념　이유사리
未曾一念도 而有捨離하니라

비여진여　변일체처　　　선근회향　　역부
譬如眞如가 徧一切處인달하야 善根廻向도 亦復

여시　　　초출삼계　　주행일체　　실득자재
如是하야 超出三界하야 周行一切하야 悉得自在하니라

회향도 또한 다시 이와 같아서 미래제가 다하
도록 모든 보살들의 청정한 묘행을 닦아서 큰
서원을 원만히 이루어 퇴전함이 없다.

비유하면 진여가 삼세에 두루 머무르듯이 선
근의 회향도 또한 다시 이와 같아서 모든 중
생들로 하여금 한 찰나에 삼세의 부처님을 친
견하여 일찍이 한 생각도 버리고 여의지 않게
한다.

비유하면 진여가 일체 처에 두루하듯이 선근
의 회향도 또한 다시 이와 같아서 삼계에서 뛰
어나 일체에 두루 행하여 모두 자재를 얻게
한다.

비여진여　　주유무법　　　　선근회향　　역부
譬如眞如가 住有無法인달하야 善根迴向도 亦復

여시　　　　요달일체유무지법　　필경청정
如是하야 了達一切有無之法이 畢竟淸淨하니라

비여진여　　체성청정　　　　선근회향　　역부
譬如眞如가 體性淸淨인달하야 善根迴向도 亦復

여시　　　능이방편　　집조도법　　정치일체
如是하야 能以方便으로 集助道法하야 淨治一切

제보살행
諸菩薩行하니라

비여진여　　체성명결　　　　선근회향　　역부
譬如眞如가 體性明潔인달하야 善根迴向도 亦復

여시　　　영제보살　실득삼매명결지심
如是하야 令諸菩薩로 悉得三昧明潔之心하니라

비유하면 진여가 유와 무의 법에 머무르듯이 선근의 회향도 또한 다시 이와 같아서 일체 유와 무의 법을 요달하여 필경에 청정하다.

비유하면 진여가 체성이 청정하듯이 선근의 회향도 또한 다시 이와 같아서 능히 방편으로 도를 돕는 법을 모아 일체 모든 보살행을 깨끗이 다스린다.

비유하면 진여가 체성이 밝고 깨끗하듯이 선근의 회향도 또한 다시 이와 같아서 모든 보살들이 다 삼매의 밝고 깨끗한 마음을 얻게 한다.

비여진여　체성무구　　선근회향　역부
譬如眞如가 體性無垢인달하야 善根迴向도 亦復

여시　　원리제구　　만족일체제청정의
如是하야 遠離諸垢하야 滿足一切諸淸淨意하니라

비여진여　무아아소　　선근회향　역부
譬如眞如가 無我我所인달하야 善根迴向도 亦復

여시　　이무아아소청정지심　　충만시방
如是하야 以無我我所淸淨之心으로 充滿十方

제불국토
諸佛國土하니라

비여진여　체성평등　　선근회향　역부
譬如眞如가 體性平等인달하야 善根迴向도 亦復

여시　　획득평등일체지지　　조료제법
如是하야 獲得平等一切智智하야 照了諸法하야

이제치예
離諸癡翳하니라

비유하면 진여가 체성이 때가 없듯이 선근의 회향도 또한 다시 이와 같아서 모든 때를 멀리 여의고 일체 모든 청정한 뜻을 만족한다.

비유하면 진여가 '나'와 '나의 것'이 없듯이 선근의 회향도 또한 다시 이와 같아서 '나'와 '나의 것'이 없는 청정한 마음으로 시방의 모든 부처님 국토에 충만하다.

비유하면 진여가 체성이 평등하듯이 선근의 회향도 또한 다시 이와 같아서 평등한 일체지의 지혜를 얻어 모든 법을 비추어 알고 모든 어리석음의 가림을 여읜다.

비여진여　　초제수량　　　선근회향　역부
譬如眞如가 超諸數量인달하야 善根廻向도 亦復

여시　　　여초수량일체지승대력법장　　이
如是하야 與超數量一切智乘大力法藏으로 而

동지주　　흥변시방일체세계광대법운
同止住하야 興徧十方一切世界廣大法雲하니라

비여진여　　평등안주　　　선근회향　역부
譬如眞如가 平等安住인달하야 善根廻向도 亦復

여시　　　발생일체제보살행　　평등주어일
如是하야 發生一切諸菩薩行하야 平等住於一

체지도
切智道하니라

비여진여　　변주일체제중생계　　　선근회
譬如眞如가 徧住一切諸衆生界인달하야 善根廻

향　역부여시　　만족무애일체종지　　어
向도 亦復如是하야 滿足無礙一切種智하야 於

비유하면 진여가 모든 수량을 초월하듯이 선근의 회향도 또한 다시 이와 같아서 수량을 초월한 일체지의 수레인 큰 힘의 법장으로 더불어 함께 있으면서 두루한 시방의 일체 세계에 광대한 법구름을 일으킨다.

비유하면 진여가 평등하게 편안히 머무르듯이 선근의 회향도 또한 다시 이와 같아서 일체 모든 보살행을 발생하여 일체 지혜의 도에 평등하게 머무른다.

비유하면 진여가 일체 모든 중생 세계에 두루 머무르듯이 선근의 회향도 또한 다시 이와 같아서 걸림 없는 일체종지를 만족하여 중생

중생계　실현재전
衆生界_에 悉現在前_{하니라}

비여진여　무유분별　보주일체음성지
譬如眞如_가 無有分別_{호대} 普住一切音聲智

중　선근회향　역부여시　구족일체제
中_{인달하야} 善根迴向_도 亦復如是_{하야} 具足一切諸

언음지　능보시현종종언음　개시중생
言音智_{하야} 能普示現種種言音_{하야} 開示衆生_{하니라}

비여진여　영리세간　선근회향　역부
譬如眞如_가 永離世間_{인달하야} 善根迴向_도 亦復

여시　보사중생　영출세간
如是_{하야} 普使衆生_{으로} 永出世間_{하니라}

비여진여　체성광대　선근회향　역부
譬如眞如_가 體性廣大_{인달하야} 善根迴向_도 亦復

계에 다 앞에 나타나 있다.

비유하면 진여가 분별이 없되 일체 음성의 지혜 가운데 널리 머무르듯이 선근의 회향도 또한 다시 이와 같아서 일체 모든 말과 음성의 지혜를 구족하고 능히 갖가지 말을 널리 나타내어 중생들에게 열어 보인다.

비유하면 진여가 세간을 영원히 여의듯이 선근의 회향도 또한 다시 이와 같아서 널리 중생들로 하여금 세간에서 길이 벗어나게 한다.

비유하면 진여가 체성이 광대하듯이 선근의

여시　　　실능수지거래금세광대불법　　　항
如是하야　悉能受持去來今世廣大佛法하야　恒

불망실　　　근수일체보살제행
不忘失하고　勤修一切菩薩諸行하니라

비여진여　　　무유간식　　　　선근회향　　역부
譬如眞如가　無有閒息인달하야　善根迴向도　亦復

여시　　　위욕안처일체중생어대지지　　　어
如是하야　爲欲安處一切衆生於大智地하야　於

일체겁　　수보살행　　　무유간식
一切劫에　修菩薩行하야　無有閒息하니라

비여진여　　　체성관광　　　변일체법　　　　선
譬如眞如가　體性寬廣하야　徧一切法인달하야　善

근회향　　역부여시　　　정념무애　　　보섭일
根迴向도　亦復如是하야　淨念無礙하야　普攝一

체관광법문　　비여진여　　변섭군품
切寬廣法門하며　譬如眞如가　徧攝群品인달하야

회향도 또한 다시 이와 같아서 과거와 미래와 현재세의 광대한 불법을 모두 능히 받아 지니어 항상 잃어버리지 아니하고 일체 보살의 모든 행을 부지런히 닦는다.

비유하면 진여가 중간에 쉼이 없듯이 선근의 회향도 또한 다시 이와 같아서 일체 중생을 큰 지혜의 지위에 편안히 머무르게 하려 하여 일체 겁에 보살행을 닦고 중간에 쉼이 없다.

비유하면 진여가 체성이 넓고 넓어서 일체 법에 두루하듯이 선근의 회향도 또한 다시 이와 같아서 청정한 생각이 걸림이 없어 일체 넓고

선근회향　역부여시　증득무량품류지
善根迴向도　亦復如是하야　證得無量品類之

지　수제보살진실묘행
智하야　修諸菩薩眞實妙行하니라

비여진여　무소취착　선근회향　역부
譬如眞如가　無所取著인달하야　善根迴向도　亦復

여시　어일체법　개무소취　제멸일체
如是하야　於一切法에　皆無所取하야　除滅一切

세간취착　보령청정
世間取著하야　普令淸淨하니라

비여진여　체성부동　선근회향　역부
譬如眞如가　體性不動인달하야　善根迴向도　亦復

여시　안주보현원만행원　필경부동
如是하야　安住普賢圓滿行願하야　畢竟不動하니라

비여진여　시불경계　선근회향　역부여
譬如眞如가　是佛境界하야　善根迴向도　亦復如

넓은 법문을 널리 거두며, 비유하면 진여가 중생들을 두루 거두듯이 선근의 회향도 또한 다시 이와 같아서 한량없는 품류의 지혜를 증득하고 모든 보살들의 진실하고 미묘한 행을 닦는다.

비유하면 진여가 취착하는 바가 없듯이 선근의 회향도 또한 다시 이와 같아서 일체 법에 모두 취할 바가 없으며 일체 세간의 취착을 멸하여 없애서 널리 청정케 한다.

비유하면 진여가 체성이 흔들리지 않듯이 선근의 회향도 또한 다시 이와 같아서 보현의 원만한 행과 원에 편안히 머물러 필경에 흔들리

시 영제중생 만족일체대지경계 멸
是하야 令諸衆生으로 滿足一切大智境界하야 滅

번뇌경 실령청정
煩惱境하야 悉令淸淨하니라

비여진여 무능제복 선근회향 역부
譬如眞如가 無能制伏인달하야 善根迴向도 亦復

여시 불위일체중마사업 외도사론지소
如是하야 不爲一切衆魔事業과 外道邪論之所

제복
制伏하니라

비여진여 비시가수 비불가수 선근
譬如眞如가 非是可修며 非不可修인달하야 善根

회향 역부여시 사리일체망상취착
迴向도 亦復如是하야 捨離一切妄想取著하야

어수불수 무소분별
於修不修에 無所分別하니라

지 아니한다.

비유하면 진여가 부처님의 경계이듯이 선근의 회향도 또한 다시 이와 같아서 모든 중생들로 하여금 일체 큰 지혜의 경계를 만족하게 하고 번뇌의 경계를 멸하여 모두 청정하게 한다.

비유하면 진여가 능히 제어할 이가 없듯이 선근의 회향도 또한 다시 이와 같아서 일체 온갖 마군의 사업과 외도의 삿된 논리로 제어할 바가 되지 않는다.

비유하면 진여는 닦을 수 있는 것이 아니고 닦을 수 없는 것도 아니듯이 선근의 회향도

비여진여　　무유퇴사　　　선근회향　　역부
譬如眞如가 無有退捨인달하야 善根迴向도 亦復

여시　　　상견제불　　발보리심　　대서장
如是하야 常見諸佛하고 發菩提心하야 大誓莊

엄　　영무퇴사
嚴하야 永無退捨하니라

비여진여　　보섭일체세간언음　　　선근회
譬如眞如가 普攝一切世間言音인달하야 善根迴

향　　역부여시　　　능득일체차별언음신통지
向도 亦復如是하야 能得一切差別言音神通智

혜　　　보발일체종종언사　　비여진여　　어
慧하야 普發一切種種言辭하며 譬如眞如가 於

일체법　무소희구　　　선근회향　　역부여
一切法에 無所希求인달하야 善根迴向도 亦復如

또한 다시 이와 같아서 일체 망상과 취착을 버리고 여의어 닦고 닦지 않음에 분별할 바가 없다.

비유하면 진여가 물러나거나 버림이 없듯이 선근의 회향도 또한 다시 이와 같아서 항상 모든 부처님을 친견하고 보리심을 내어 큰 서원으로 장엄하고 영원히 물러나고 버림이 없다.

비유하면 진여가 널리 일체 세간의 음성을 거두듯이 선근의 회향도 또한 다시 이와 같아서 일체 차별한 음성과 신통과 지혜를 능히

시 　　영제중생 　　승보현승 　　이득출리
是하야 令諸衆生으로 乘普賢乘하고 而得出離하야

어일체법 　　무소탐구
於一切法에 無所貪求하나라

비여진여 　　주일체지 　　　　선근회향 　　역부
譬如眞如가 住一切地인달하야 善根迴向도 亦復

여시 　　　영일체중생 　　사세간지 　　　주지혜
如是하야 令一切衆生으로 捨世間地하고 住智慧

지 　　이보현행 　　　이자장엄 　　　비여진여
地하야 以普賢行으로 而自莊嚴하며 譬如眞如가

무유단절 　　　　선근회향 　역부여시 　　　어
無有斷絕인달하야 善根迴向도 亦復如是하야 於

일체법 　　득무소외 　　수기류음 　　　처처연
一切法에 得無所畏하고 隨其類音하야 處處演

설 　　무유단절
說하야 無有斷絕하나라

얻어서 널리 일체 갖가지 말을 내며, 비유하면 진여가 일체 법에 희구하는 것이 없듯이 선근의 회향도 또한 다시 이와 같아서 모든 중생들로 하여금 보현의 수레를 타고 벗어남을 얻게 하고 일체 법에 탐하여 구하는 바가 없다.

비유하면 진여가 일체 지위에 머무르듯이 선근의 회향도 또한 다시 이와 같아서 일체 중생으로 하여금 세간의 지위를 버리고 지혜의 지위에 머물러서 보현행으로 스스로 장엄하게 하며, 비유하면 진여가 끊어짐이 없듯이 선근의 회향도 또한 다시 이와 같아서 일체 법에 두려울 바가 없음을 얻고 그 부류들의 소리를

비여진여　　사리제루　　　선근회향　　역부
譬如眞如가 捨離諸漏인달하야 善根迴向도 亦復

여시　　　영일체중생　　성취법지　　요달어
如是하야 令一切衆生으로 成就法智하야 了達於

법　　　원만보리무루공덕　　비여진여　　무
法하야 圓滿菩提無漏功德하며 譬如眞如가 無

유소법　　이능괴난　　　영기소분　　비시각
有少法도 而能壞亂하야 令其少分도 非是覺

오　　　선근회향　　역부여시　　　보령개오
悟인달하야 善根迴向도 亦復如是하야 普令開悟

일체제법　　기심무량　　변주법계
一切諸法하야 其心無量하야 徧周法界하니라

비여진여　　과거비시　　미래비말　　현재비
譬如眞如가 過去非始요 未來非末이요 現在非

이　　　선근회향　　역부여시　　위일체중
異인달하야 善根迴向도 亦復如是하야 爲一切衆

따라 곳곳마다 연설하여 끊어짐이 없다.

  비유하면 진여가 모든 번뇌를 버리고 여의듯이 선근의 회향도 또한 다시 이와 같아서 일체 중생으로 하여금 법에 대한 지혜를 성취하여 법을 요달하고 보리의 무루공덕을 원만하게 하며, 비유하면 진여는 적은 법도 능히 파괴하고 어지럽게 하여 그 조금도 깨닫지 못하게 할 수 없듯이 선근의 회향도 또한 다시 이와 같아서 널리 일체 모든 법을 깨우쳐서 그 마음이 한량없어 법계에 두루하게 한다.

  비유하면 진여는 과거가 처음이 아니고 미래가 끝이 아니고 현재가 다른 것이 아니듯이

생   신 신 항 기 보 리 심 원   보 사 청 정   영
生하야 新新恒起菩提心願하야 普使清淨하야 永

리 생 사
離生死하니라

비 여 진 여   어 삼 세 중   무 소 분 별   선 근
譬如眞如가 於三世中에 無所分別인달하야 善根

회 향   역 부 여 시   현 재 염 념   심 상 각 오
迴向도 亦復如是하야 現在念念에 心常覺悟하고

과 거 미 래   개 실 청 정
過去未來에 皆悉清淨하니라

비 여 진 여   성 취 일 체 제 불 보 살   선 근 회
譬如眞如가 成就一切諸佛菩薩인달하야 善根迴

향   역 부 여 시   발 기 일 체 대 원 방 편   성
向도 亦復如是하야 發起一切大願方便하야 成

취 제 불 광 대 지 혜
就諸佛廣大智慧하니라

선근의 회향도 또한 다시 이와 같아서 일체 중생을 위하여 새록새록 보리심의 서원을 항상 일으켜서 널리 청정하여 생사를 영원히 여의게 한다.

비유하면 진여가 삼세에 분별하는 바가 없듯이 선근의 회향도 또한 다시 이와 같아서 현재에 생각생각 마음이 항상 깨닫고 과거와 미래에 모두 다 청정하다.

비유하면 진여가 일체 모든 부처님과 보살들을 성취하듯이 선근의 회향도 또한 다시 이와 같아서 일체 큰 서원과 방편을 일으켜 모든 부처님의 광대한 지혜를 성취한다.

비여진여　구경청정　　불여일체제번뇌
譬如眞如가 究竟淸淨하야 不與一切諸煩惱

구　　　　　선근회향　　역부여시　　능멸일체
俱인달하야 善根迴向도 亦復如是하야 能滅一切

중생번뇌　　원만일체청정지혜
衆生煩惱하고 圓滿一切淸淨智慧니라

불자　보살마하살　여시회향시　득일체불
佛子야 菩薩摩訶薩이 如是迴向時에 得一切佛

칠평등　　보엄정일체세계고　득일체중생
刹平等이니 普嚴淨一切世界故며 得一切衆生

평등　　보위전무애법륜고
平等이니 普爲轉無礙法輪故니라

비유하면 진여가 구경에 청정하여 일체 모든 번뇌와 더불어 함께하지 않듯이 선근의 회향도 또한 다시 이와 같아서 일체 중생의 번뇌를 능히 소멸하고 일체 청정한 지혜를 원만하게 한다.

불자들이여, 보살마하살이 이와 같이 회향할 때에 일체 부처님의 세계가 평등함을 얻으니 일체 세계를 널리 깨끗하게 장엄하는 까닭이며, 일체 중생이 평등함을 얻으니 널리 걸림 없는 법륜을 굴리는 까닭이다.

득일체보살평등　　　보출생일체지원고　　　득
得一切菩薩平等이니 普出生一切智願故며 得

일체제불평등　　　관찰제불　　체무이고
一切諸佛平等이니 觀察諸佛의 體無二故니라

득일체법평등　　　보지제법　　성무역고　　득일체
得一切法平等이니 普知諸法의 性無易故며 得一切

세간평등　　　이방편지　　선해일체어언도고
世間平等이니 以方便智로 善解一切語言道故니라

득일체보살행평등　　　수종종선근　　　진회
得一切菩薩行平等이니 隨種種善根하야 盡迴

향고　　득일체시평등　　　근수불사　　　어일
向故며 得一切時平等이니 勤修佛事하야 於一

체시　　무단절고
切時에 無斷絶故니라

득일체업과평등　　　어세출세소유선근　　　개
得一切業果平等이니 於世出世所有善根에 皆

일체 보살의 평등을 얻으니 일체지의 원을 널리 출생하는 까닭이며, 일체 모든 부처님의 평등을 얻으니 모든 부처님의 체성이 둘이 없음을 관찰하는 까닭이다.

일체 법의 평등을 얻으니 모든 법의 성품이 바뀜이 없음을 널리 아는 까닭이며, 일체 세간의 평등을 얻으니 방편의 지혜로 일체 언어의 길을 잘 이해하는 까닭이다.

일체 보살의 행이 평등함을 얻으니 갖가지 선근을 따라 다 회향하는 까닭이며, 일체 시간이 평등함을 얻으니 불사를 부지런히 닦아서 일체 시에 끊임이 없는 까닭이다.

무염착　　함구경고　　득일체불자재신통평
無染著하야 咸究竟故며 得一切佛自在神通平

등　　수순세간　　현불사고
等이니 隨順世間하야 現佛事故니라

불자　시위보살마하살　제팔진여상회향
佛子야 是爲菩薩摩訶薩의 第八眞如相迴向이니라

보살마하살　주차회향　증득무량청정법
菩薩摩訶薩이 住此迴向에 證得無量淸淨法

문　　능위여래대사자후　　자재무외　　이
門하야 能爲如來大師子吼하야 自在無畏하며 以

일체 업과 과보가 평등함을 얻으니 세간과 출세간에 있는 선근이 다 물들지 아니하여 모두 끝까지 이르는 까닭이며, 일체 부처님의 자재한 신통이 평등함을 얻으니 세간을 따라서 불사를 나타내는 까닭이다.

불자들이여, 이것이 보살마하살의 여덟째 진여의 모양인 회향이다.

보살마하살이 이 회향에 머무름에 한량없는 청정한 법문을 증득하고 능히 여래의 큰 사자

선방편   교화성취무량보살   어일체시
善方便으로 敎化成就無量菩薩하야 於一切時에

미증휴식
未曾休息하니라

득불무량원만지신   일신   충변일체세
得佛無量圓滿之身하야 一身이 充徧一切世

계   득불무량원만음성   일음개오일체
界하며 得佛無量圓滿音聲하야 一音開悟一切

중생   득불무량원만지력   일모공중
衆生하며 得佛無量圓滿之力하야 一毛孔中에

보능용납일체국토
普能容納一切國土하니라

득불무량원만신통   치제중생어일진중
得佛無量圓滿神通하야 置諸衆生於一塵中하며

득불무량원만해탈   어일중생신   시현일
得佛無量圓滿解脫하야 於一衆生身에 示現一

후를 함에 자재하여 두려움이 없으며, 훌륭한 방편으로 한량없는 보살들을 교화하고 성취하여 일체 시에 일찍이 쉬지 아니한다.

부처님의 한량없는 원만한 몸을 얻어서 한 몸이 일체 세계에 두루 가득하며, 부처님의 한량없는 원만한 음성을 얻어서 한 음성으로 일체 중생을 깨우치며, 부처님의 한량없는 원만한 힘을 얻어서 한 모공 가운데 널리 일체 국토를 능히 용납한다.

부처님의 한량없는 원만한 신통을 얻어서 모든 중생들을 한 티끌 속에 두며, 부처님의 한량없는 원만한 해탈을 얻어서 한 중생의 몸에

체제불경계　　성등정각　　득불무량원만
切諸佛境界_{하야} 成等正覺_{하며} 得佛無量圓滿

삼매　　일삼매중　　보능시현일체삼매
三昧_{하야} 一三昧中_에 普能示現一切三昧_{하니라}

득불무량원만변재　　설일구법　　궁미래제
得佛無量圓滿辯才_{하야} 說一句法_에 窮未來際_{토록}

이불가진　　실제일체중생의혹　　득불무
而不可盡_{하야} 悉除一切衆生疑惑_{하며} 得佛無

량원만중생　　구불십력　　진중생계　　시
量圓滿衆生_{하고} 具佛十力_{하야} 盡衆生界_에 示

성정각
成正覺_{하나니라}

불자　시위보살마하살　이일체선근　　수
佛子_야 是爲菩薩摩訶薩_이 以一切善根_{으로}　隨

일체 모든 부처님의 경계를 나타내 보여 등정각을 이루며, 부처님의 한량없는 원만한 삼매를 얻어서 한 삼매 가운데 널리 일체 삼매를 능히 나타내 보인다.

부처님의 한량없는 원만한 변재를 얻어서 한 구절 법을 설함에 미래제가 다하도록 다하지 아니하여 일체 중생의 의혹을 모두 없애며, 부처님의 한량없는 원만한 중생들을 얻어서 부처님의 십력을 구족하고 온 중생계가 정각 이룸을 보인다.

불자들이여, 이것이 보살마하살이 일체 선근

순진여상회향
順眞如相迴向이니라

이시   금강당보살   승불위력   보관시
爾時에 金剛幢菩薩이 承佛威力하사 普觀十

방   이설송언
方하고 而說頌言하시나라

보살지락상안주   정념견고이치혹
菩薩志樂常安住하야 正念堅固離癡惑하며

기심선연항청량   적집무변공덕 행
其心善輭恒淸涼하야 積集無邊功德行이로다

으로써 진여의 모양을 따르는 회향이다."

그때에 금강당 보살이 부처님의 위신력을 받
들어 널리 시방을 살펴보고 게송을 설하여 말
씀하였다.

보살은 뜻의 즐거움에 항상 편안히 머물러
바른 생각이 견고하여 어리석음의 미혹을 여의며
그 마음이 착하고 부드러워 항상 청량하여
가없는 공덕의 행을 쌓아 모으도다.

보살겸순무위역
菩薩謙順無違逆하야

소유지원실청정
所有志願悉淸淨하고

이득지혜대광명
已得智慧大光明하야

선능조료일체업
善能照了一切業이로다

보살사유업광대
菩薩思惟業廣大하니

종종차별심희유
種種差別甚希有라

결의수행무퇴전
決意修行無退轉하야

이차요익제군생
以此饒益諸群生이로다

제업차별무량종
諸業差別無量種을

보살일체근수습
菩薩一切勤修習하고

수순중생불위의
隨順衆生不違意하야

보령심정생환희
普令心淨生歡喜로다

보살은 겸손하고 순하여 어기지 아니하며
있는 바 뜻과 원이 모두 청정하여
지혜의 큰 광명을 이미 얻어서
일체 업을 잘 능히 비추어 알도다.

보살이 사유하는 업이 광대하니
갖가지 차별이 매우 희유함이라
결정한 뜻으로 수행함에 퇴전치 아니하고
이로써 모든 중생들을 요익케 하도다.

모든 업이 차별한 한량없는 종류를
보살이 일체를 부지런히 닦아 익히고
중생을 수순하여 뜻을 어기지 아니하여
널리 마음이 청정하고 환희케 하도다.

이승조어인존지
已昇調御人尊地하야

이제열뇌심무애
離諸熱惱心無礙라

어법어의실선지
於法於義悉善知나

위리군생전근습
爲利群生轉勤習이로다

보살소수중선행
菩薩所修衆善行이

무량무수종종별
無量無數種種別이어든

어피일체분별지
於彼一切分別知하야

위리군생고회향
爲利群生故迴向이로다

이묘지혜항관찰
以妙智慧恒觀察

구경광대진실리
究竟廣大眞實理하야

단제유처실무여
斷諸有處悉無餘하고

여피진여선회향
如彼眞如善迴向이로다

이미 조어하는 인간의 높은 지위에 올라
모든 번뇌 열을 여의고 마음이 걸림 없으며
법과 뜻을 모두 잘 알지만
중생을 이익케 하기 위해 더욱 부지런히 익히도다.

보살이 닦는 바 온갖 선한 행이
한량없고 수없어 갖가지로 다르나
그 일체를 분별하여 알아서
중생들을 이익케 하기 위해 회향하도다.

미묘한 지혜로써 항상
구경의 광대하고 진실한 이치를 관찰하여
모든 존재의 처소를 끊어서 다 남김이 없고
저 진여와 같이 잘 회향하도다.

비여진여변일체
譬如眞如徧一切하야

여시보섭제세간
如是普攝諸世間하고

보살이차심회향
菩薩以此心迴向하야

실령중생무소착
悉令衆生無所著이로다

보살원력변일체
菩薩願力徧一切하야

비여진여무부재
譬如眞如無不在라

약견불견염실주
若見不見念悉周하야

실이공덕이회향
悉以功德而迴向이로다

야중수주주역주
夜中隨住晝亦住하며

반월일월역수주
半月一月亦隨住하며

약년약겁실주중
若年若劫悉住中하니

진여여시행역연
眞如如是行亦然이로다

비유하면 진여가 일체에 두루하듯이
이와 같이 널리 모든 세간을 거두고
보살이 이 마음으로 회향하여
다 중생들로 하여금 집착이 없게 하도다.

보살의 원력이 일체에 두루하여
마치 진여가 있지 않음이 없듯이
혹 보거나 보지 않음에 생각이 다 두루하여
모두 공덕으로 회향하도다.

밤에도 따라 머무르고 낮에도 또한 머무르며
반 달이나 한 달도 또한 따라 머무르며
해와 겁에도 모두 그 가운데 머무르니
진여가 이와 같아서 행도 또한 그러하도다.

소유삼세급찰토　　　　일체중생여제법
所有三世及刹土와　　一切衆生與諸法에

실주기중무소주　　　　이여시행이회향
悉住其中無所住하야　以如是行而迴向이로다

비여진여본자성　　　　보살여시발대심
譬如眞如本自性하야　菩薩如是發大心하니

진여소재무부재　　　　이여시행이회향
眞如所在無不在라　　以如是行而迴向이로다

비여진여본자성　　　　기중미증유일법
譬如眞如本自性이　　其中未曾有一法하야

부득자성시진성　　　　이여시업이회향
不得自性是眞性이니　以如是業而迴向이로다

있는 바 삼세와 세계 국토와
일체 중생과 모든 법에
그 가운데 다 머무르되 머무르는 바 없어
이와 같은 행으로 회향하도다.

비유하면 진여의 본래 자성과 같아서
보살이 이와 같이 큰 마음을 내니
진여가 있는 곳에 있지 않음이 없어
이와 같은 행으로 회향하도다.

비유하면 진여의 본래 자성이
그 가운데 일찍이 한 법도 있지 아니하듯이
자성을 얻지 못함이 참 성품이니
이와 같은 업으로 회향하도다.

여진여상업역이
如眞如相業亦爾요

여진여성업역이
如眞如性業亦爾니

여진여성본진실
如眞如性本眞實하야

업역여시동진여
業亦如是同眞如로다

비여진여무변제
譬如眞如無邊際하야

업역여시무유변
業亦如是無有邊호대

이어기중무박착
而於其中無縛著일새

시고차업득청정
是故此業得淸淨이로다

여시총혜진불자
如是聰慧眞佛子가

지원견고부동요
志願堅固不動搖하고

이기지력선통달
以其智力善通達하야

입어제불방편장
入於諸佛方便藏이로다

진여의 모양처럼 업도 또한 그러하고
진여의 성품처럼 업도 또한 그러하니
진여 성품이 본래 진실하듯이
업도 또한 이와 같이 진여와 같도다.

비유하면 진여가 끝이 없듯이
업도 또한 이와 같이 끝이 없되
그 가운데 속박도 집착도 없으니
그러므로 이 업이 청정하도다.

이와 같이 총명하고 지혜로운 참 불자가
뜻과 원이 견고하여 동요하지 아니하고
그 지혜의 힘으로써 잘 통달하여
모든 부처님의 방편 창고에 들어가도다.

각오법왕진실법
覺悟法王眞實法호대

어중무착역무박
於中無著亦無縛하니

여시자재심무애
如是自在心無礙하야

미증견유일법기
未曾見有一法起로다

여래법신소작업
如來法身所作業이여

일체세간여피상
一切世間如彼相이라

설제법상개무상
說諸法相皆無相하니

지여시상시지법
知如是相是知法이로다

보살주시부사의
菩薩住是不思議하야

어중사의불가진
於中思議不可盡이라

입차불가사의처
入此不可思議處하야

사여비사개적멸
思與非思皆寂滅이로다

법왕의 진실한 법을 깨닫되
그 가운데 집착도 없고 속박도 없으니
이와 같이 자재하여 마음이 걸림 없어서
한 법도 일어남을 일찍이 보지 못하도다.

여래의 법신으로 지으신 바 업이여
일체 세간이 그 모양과 같음이라
모든 법의 모양이 다 모양 없음을 설하니
이와 같이 모양을 아는 것이 법을 아는 것이로다.

보살이 이 부사의함에 머물러
그 가운데서 사의함을 다할 수 없음이라
이 불가사의한 곳에 들어가면
사의와 사의 아님이 다 적멸하도다.

여시사유제법성
如是思惟諸法性하야

요달일체업차별
了達一切業差別하야는

소유아집개제멸
所有我執皆除滅하고

주어공덕무능동
住於功德無能動이로다

보살일체업과보
菩薩一切業果報가

실위무진지소인
悉爲無盡智所印이니

여시무진자성진
如是無盡自性盡일새

시고무진방편멸
是故無盡方便滅이로다

보살관심부재외
菩薩觀心不在外하며

역부부득재어내
亦復不得在於內하니

지기심성무소유
知其心性無所有하야

아법개리영적멸
我法皆離永寂滅이로다

이와 같이 모든 법의 성품을 사유하여
일체 업의 차별을 요달하면
있는 바 아집을 다 소멸하여 없애고
공덕에 머물러서 흔들 수 없도다.

보살의 일체 업과 과보는
모두 다함없는 지혜로 새긴 바라
이와 같이 다함없는 자성이 다하니
그러므로 다함없는 방편도 소멸하니라.

보살은 마음이 밖에 있는 것도 아니며
또한 다시 안에도 있지 않음을 관하여
그 마음의 성품이 있는 바 없음을 알면
'나'와 법을 모두 여의어 영원히 적멸하리라.

피제불자여시지
彼諸佛子如是知

일체법성상공적
一切法性常空寂하면

무유일법능조작
無有一法能造作하니

동어제불오무아
同於諸佛悟無我로다

요지일체제세간
了知一切諸世間이

실여진여성상등
悉與眞如性相等하야

견시불가사의상
見是不可思議相하니

시즉능지무상법
是則能知無相法이로다

약능주시심심법
若能住是甚深法하야

상락수행보살행
常樂修行菩薩行하며

위욕이익제군생
爲欲利益諸群生하야

대서장엄무퇴전
大誓莊嚴無退轉이로다

저 모든 불자들이 이와 같이
일체 법의 성품이 늘 공적함을 알면
한 법도 능히 조작할 것이 없으니
모든 부처님과 같이 무아를 깨달으리라.

일체 모든 세간이 다 진여의
성품과 모양으로 더불어 평등함을 분명히 알아
이 불가사의한 모양을 보니
이것이 곧 능히 모양 없는 법을 앎이로다.

만약 능히 이 매우 깊은 법에 머무르면
항상 즐겁게 보살행을 닦아 행하여
모든 중생들을 이익케 하려 하여
큰 서원으로 장엄하여 퇴전하지 않도다.

시즉초과어세간
是則超過於世間이라

불기생사망분별
不起生死妄分別하고

요달기심여환화
了達其心如幻化하야

근수중행도군생
勤修衆行度群生이로다

보살정념관세간
菩薩正念觀世間의

일체개종업연득
一切皆從業緣得하고

위욕구도수제행
爲欲救度修諸行하야

보섭삼계무유자
普攝三界無遺者이로다

요지중생종종이
了知衆生種種異가

실시상행소분별
悉是想行所分別하고

어차관찰실명료
於此觀察悉明了호대

이불괴어제법성
而不壞於諸法性이로다

이것은 곧 세간을 초과하여
생사의 헛된 분별을 일으키지 않으며
그 마음이 환화와 같음을 요달하고
부지런히 온갖 행을 닦아 중생을 제도함이로다.

보살이 바른 생각으로 세간의
일체가 다 업연으로 얻음을 관찰하고
구제하고 제도하려 하여 모든 행을 닦아서
널리 삼계를 거두어 남김이 없도다.

중생들이 갖가지로 다름이
모두 생각과 행으로 분별한 바임을 요지하여
이로써 관찰하여 모두 밝게 알되
모든 법의 성품을 깨뜨리지 않도다.

지자요지제불법　　이여시행이회향
智者了知諸佛法하고　**以如是行而迴向**하야

애민일체제중생　　영어실법정사유
哀愍一切諸衆生하야　**令於實法正思惟**로다

〈大方廣佛華嚴經 卷第三十〉

지혜 있는 자는 모든 부처님 법을 분명히 알고

이와 같은 행으로 회향하니

일체 모든 중생들을 가엾게 여겨

진실한 법을 바르게 사유하게 하도다.

〈대방광불화엄경 제30권〉

大方廣佛華嚴經 ─ 부록

•

대방광불화엄경 목차

•

간행사

대방광불화엄경
목차

간 행 사

　귀의삼보 하옵고,

　『대방광불화엄경』의 수지 독송과 유통을 발원하면서 수미정사 불전연구원에서『독송본 한문·한글역 대방광불화엄경』과『사경본 한글역 대방광불화엄경』을 편찬하여 간행하게 되었습니다.

　『화엄경』은 우리나라에 전래된 이래 일찍부터 사경되고 주석·강설되어 왔으며 근현대에 이르러서는『화엄경』의 한글 번역과 연구도 부쩍 많이 이루어졌습니다. 그만큼『화엄경』이 우리 불자님들의 신행과 해탈에 큰 의지처가 되었던 것임을 알 수 있습니다.

　『화엄경』을 독송하고 사경하는 공덕은 설법 공덕과 함께 크게 강조되어 왔습니다. 그리하여 수미정사 불전연구원에서도『화엄경』(80권)을 독송하고 사경하는 데 도움이 되도록 한문 원문과 한글역을 함께 수록한 독송본과 한글역의 사경본『화엄경』간행불사를 발원하였습니다. 이『화엄경』간행불사에 뜻을 같이하여 적극 후원해주신 스님들과 재가 불자님들께 깊이 감사드립니다. 또한『화엄경』을 수지 독송할 수 있도록 경책의 모습으로 장엄해 주신 편집위원들과 담앤북스 출판사 관계자들께도 고마움을 표합니다.

　끝으로 이 불사의 원만 회향으로『화엄경』이 널리 유통되고, 온 법계에 부처님의 가피가 충만하시길 기원드립니다.

　나무 대방광불화엄경

불기 2564년 '부처님오신날'을 봉축하며
수미해주 합장

위태천신(동진보살)

수미해주 須彌海住

동국대학교 명예교수
중앙승가대학교 법인이사
대한불교조계종 수미정사 주지

독송본 한문·한글역

대방광불화엄경 제30권

| 초판 1쇄 발행_ 2022년 11월 24일

| 엮은이_ 수미해주
| 엮은곳_ 수미정사 불전연구원
| 편집위원_ 해주 수정 경진 선초 정천 석도 박보람 최원섭
| 편집보_ 무이 무진 지욱 혜명

| 펴낸이_ 오세룡
| 펴낸곳_ 담앤북스
　　　　서울특별시 종로구 새문안로3길 23 경희궁의 아침 4단지 805호
　　　　대표전화 02)765-1251 전자우편 damnbooks@hanmail.net
　　　　출판등록 제300-2011-115호
| ISBN_ 979-11-6201-377-9 04220

정가 15,000원
ⓒ 수미해주 2022